말랑 촉촉 달팽이의 모든 비밀

안녕, 달팽이야!

처음 펴낸 날 | 2018년 8월 20일   개정판 펴낸 날 | 2025년 7월 5일
글 | 베르벨 오프트링   그림 | 야나 발치크   옮김 | 한윤진   감수 | 권오길

펴낸이 | 김태진
펴낸곳 | 다섯수레

기획편집 | 김경희, 정현경, 장예슬   디자인 | 이영아
마케팅 | 이운섭   제작관리 | 김남희

등록번호 | 제3-213호 등록일자 | 1988년 10월 13일
주소 | 서울특별시 마포구 동교로15길 6 (우 04003)
전화 | (02) 3142-6611   팩스 | (02) 3142-6615
인쇄 | (주)로얄 프로세스
제조국 | 대한민국   사용연령 | 4세 이상

ⓒ 다섯수레, 2025

ISBN 978-89-7478-484-3 73490

Schau mal, eine Schnecke!

Bärbel Oftring(Autor)/ Jana Walczyk(Illustrator) : Schau mal, eine Schnecke!
©2018, Gerstenberg Verlag, Hildesheim, Germany

Korean Translation Copyright ©2018 by Daseossure Publishing Co.
This Korean Edition was published by arrangement with
Gerstenberg Verlag, Hildesheim through BRUECKE Agency.

이 책의 한국어판 저작권은 브뤼케에이전시를 통해 GerstenbergVerlag, Hildesheim와 독점 계약을 한
도서출판 다섯수레에 있습니다. 저작권법에 의해 한국 내에서 보호를 받는 저작물이므로 무단전재와 무단복제를 금합니다.

자연과 만나요 4

말랑 촉촉 달팽이의 모든 비밀
안녕, 달팽이야!

베르벨 오프트링 글 | 야나 발치크 그림
한윤진 옮김 | 권오길 감수

다섯수레

어떤 달팽이들이 있을까요?

전 세계에는 무려 10만 종이 넘는 달팽이가 살고 있어요.
대부분의 달팽이들은 물속에서 살아요.

사람들이 먹는 달팽이도 있어요.
부르고뉴달팽이는
10센티미터까지
자라지요.

갯민숭달팽이는 바다에서 화려한 보랏빛을 뽐내요.
등 위에 나 있는 뾰족뾰족한 아가미를 통해
숨을 쉬지요.

등 위에 집이 없는 달팽이를 민달팽이라고 불러요.
이 달팽이는 붉은민달팽이예요.

호수나 연못에서 사는 이 달팽이는 램즈혼달팽이예요.
우리말로 또아리물달팽이라고 하지요. 등 위의
집이 꼭 둥글게 감긴 나팔 같죠?

고둥은 썰물이 빠져나갈 때면 갯바위에
철썩 달라붙어 있어요. 밀물이 들어오면
바위에 붙은 바닷말을
먹고 다니지요.

저것 좀 보세요! 비가 주룩주룩 내리는 여름날
기어 다니는 건 뭘까요?
작은 달팽이예요. 달팽이는 축축하고
그늘진 곳을 좋아해요.

몸집이 작은데 저렇게 큰 집을 지고 다니니
얼마나 힘들까요?
달팽이 집에 진한 색의 줄무늬가 빙글빙글
감겨 있군요. 이런 줄무늬를 가진 달팽이는
유럽정원달팽이예요. 달팽이 집의 입구가
밝은 색이라서 흰입술정원달팽이라고도 해요.
이름이 참 귀엽죠?

달팽이는 어떻게 생겼나요?

달팽이의 몸은 크게 두 부분으로 나뉘어요. 머리가 달린 부드러운 부분이 달팽이의 발이에요. 단단한 나선형 껍데기는 패각이라고도 하지요.

껍데기(패각), 머리, 큰 더듬이, 눈, 작은 더듬이, 입, 발, 숨구멍

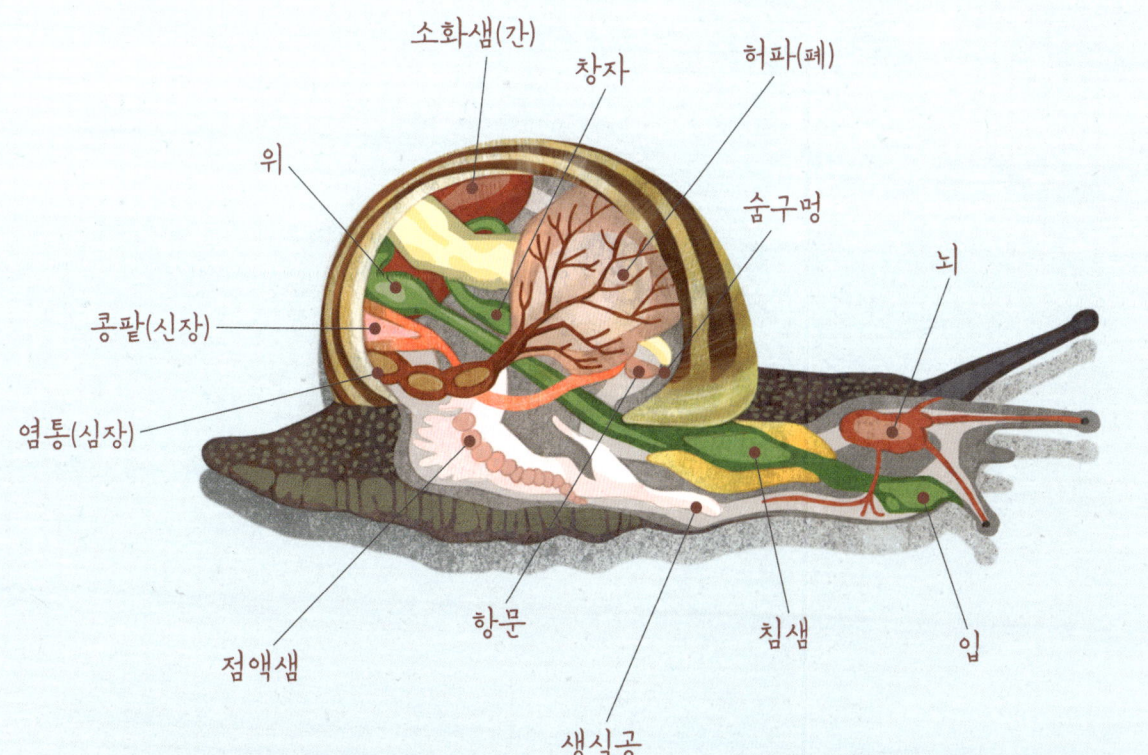

소화샘(간), 창자, 허파(폐), 위, 숨구멍, 뇌, 콩팥(신장), 염통(심장), 점액샘, 항문, 생식공, 침샘, 입

단단한 달팽이 껍데기는 몸의 부드러운 부분들을 보호해요. 껍데기 속에는 위, 허파, 소화샘, 콩팥, 창자 같은 여러 장기가 있어요. 장기들은 얇은 막으로 둘러싸여 있지요.

며칠이 지나자 드디어 비가 그쳤어요.
따사로운 햇살에 땅이 보송보송 말랐지요.
벌 떼는 따뜻해진 공기 속을 윙윙 날아다녀요.
그런데 달팽이는 도대체 어디로 간 걸까요?

달팽이는 식물의 서늘한 그늘 아래 숨어 있어요.
연약한 몸을 보호해 주는 집 속에서 푹 쉬고
있지요. 햇볕이 쨍쨍 내리쬐는 날 달팽이를
찾기는 정말 어려워요. 이런 날에는
주변이 어둑해진 뒤에야 달팽이를
찾을 수 있어요.

달팽이는 어떻게 숨을 쉴까요?

물속에 사는 램즈혼달팽이는 물고기처럼 아가미로 숨을 쉬어요. 아가미는 껍데기 안에 있지요.

아가미

숨구멍

땅에서 사는 달팽이는 허파가 있어요. 공기가 숨구멍을 통해 허파로 전달되지요. 달팽이는 껍데기 안에서도 같은 방법으로 숨을 쉬어요.

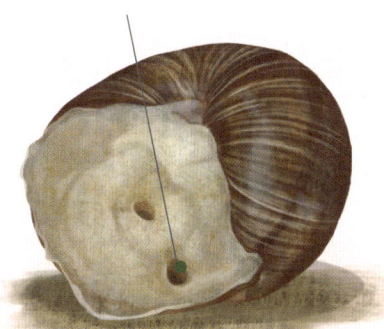

민달팽이가 숨을 들이쉬면 숨구멍이 넓어져요. 넓어진 숨구멍은 달팽이가 숨을 내쉬면서 점점 작아지다 곧 닫히지요.

그리고 달팽이가 다음 번 숨을 들이쉬면 숨구멍이 다시 열려요. 우리도 달팽이가 숨을 쉬는 박자에 맞춰 숨을 쉬어 볼까요?

달팽이가 많네요! 손전등을 비춰 보면,
달팽이가 뭘 먹는지 볼 수 있어요.
달팽이는 풀잎과 딸기를 즐겨 먹어요.
시든 식물도 좋아하지요.

달팽이는 비가 오는 날이나 밤에만 활동해요.
그런 때에는 연약한 피부가 따가운 햇살에
건조해질까 걱정하지 않아도 되거든요.
달팽이는 피부로도 숨을 쉬기 때문에
피부가 늘 촉촉해야 해요.

달팽이는 왜 끈적끈적할까요?

달팽이 발에서는 끈적끈적한 점액이 나와요.
점액은 달팽이가 병에 걸리지 않게 보호해 주지요.
점액 속에 병균을 막아 주는 성분이
들어 있기 때문이에요.

점액은 달팽이가 지나간 길을
따라 그대로 남아요.

주변을 잘 살펴보세요.
달팽이가 점액으로
표시해 놓은 길이 보이나요?

돋보기로 살펴본 달팽이의 피부

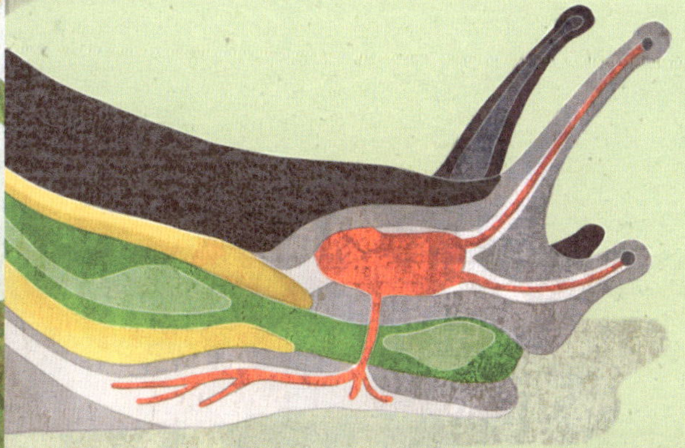

달팽이 점액은 천적인 오리의 부리에
달라붙어 오리를 성가시게 해요.
그래도 오리는 끝내 달팽이를
잡아먹고 말지요.

우리 입안의 침은 침샘에서 분비되지요.
이처럼 달팽이 발에도 점액이 분비되는
샘이 따로 있어요.

은빛으로 반짝이는 자국이 길게 이어져 있어요.
이 자국은 어쩌다 생긴 걸까요? 어디까지 이어질까요?
달팽이는 부드러운 몸으로 미끄러지듯 움직여요.
몸에서 점액이 많이 나오기 때문에 딱딱하고
거친 곳을 지날 때도 끄떡없어요.
땅이 건조할수록 점액은 많이 분비되지요.
그래서 달팽이가 지나간 자리에는 항상 점액이
남아요. 점액은 마르면 은빛으로 반짝여요.
이 자국이 바로 달팽이의 '발자취'예요.
이 자국을 싫어하는 사람들도 있지만
점액이 없다면 달팽이는 살 수 없어요.
점액은 달팽이에게 아주 중요하기 때문이에요.

작은 달팽이를 손바닥 위에 올려 보세요.
달팽이가 다치지 않게 하려면 껍데기 부분을
살짝 집어야 해요. 그래도 여러분의 손길이 닿는
순간 달팽이는 몸을 껍데기 속으로 움츠릴 거예요.
그건 달팽이가 겁을 내고 있기 때문이에요.
한참 동안 손을 움직이지 않고 가만히 있으면,
마음을 놓은 달팽이가 손바닥 위를 살금살금
기어 다닐지도 몰라요. 그러면 달팽이의 축축한
발바닥을 느낄 수 있겠죠?

달팽이는 어떻게 움직일까요?

달팽이는 앞으로 나아갈 때
발 근육을 꿈틀거려요.
달팽이가 유리창
위를 기어가면
이 모습을
볼 수 있어요.

달팽이가 기어가는 모양

달팽이는 점액으로 된 얇은 막 위를 미끄러지듯 기어가요. 달팽이는 아무리 빨라도 한 시간에 3미터밖에 못 가지요.

달팽이는 벽을
기어오를 수 있어요.
천장에 거꾸로 붙어서
기어 다닐 수도
있지요.

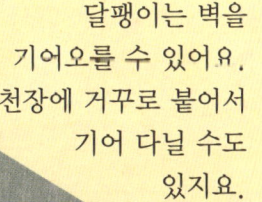

달팽이는 칼날 위를 기어가더라도 상처를 전혀 입지 않아요. 끈적끈적한 점액이 달팽이를 보호해 주기 때문이에요.

달팽이는 아주 가볍고 몸도 매우 연약해요.
달팽이의 발은 어찌 보면 사람의 혀 같아요.
혀처럼 근육과 단단하고 질긴 조직,
점액샘으로 이루어져 있지요.
달팽이를 창문 위에 올려놔 보세요.
미끄러운 유리창에서도 달팽이는 절대로
떨어지지 않아요. 발에서 나오는 점액이
달팽이를 창문에 들러붙게 해 주기 때문이에요.

달팽이는 어떤 집에서 살까요?

이 달팽이 집의 입구는 오른쪽에 있어요.
껍데기가 오른쪽으로 감겨 있기 때문이에요.
껍데기가 왼쪽으로 감겨
있으면 집의 입구도
왼쪽에 있어요.

민달팽이도 오래전에는 다른 달팽이들처럼 껍데기를 갖고 있었어요. 껍데기가 있던 자리는 연한 조직으로 되어 있어 지금도 한눈에 알아볼 수 있지요.

집게는 바닷가에서 살아요. 몸 크기에 맞는
고둥 껍데기를 찾아 이사를 하곤 하지요.
집게도 위험한 낌새를 느끼면
껍데기 속으로 쏙 숨어요.
집 입구는 튼튼한 다리로
막아 버리지요.

왼쪽으로 감겨 있는 껍데기

대부분의 달팽이는 오른쪽으로 감긴
껍데기를 갖고 있어요. 만 마리 가운데
한 마리 정도만 왼쪽으로 감긴
껍데기를 갖고 있지요.

오른쪽으로 감겨 있는 껍데기

여름이 왔어요! 더운 공기와 메마른 날씨는
달팽이들에게 좋지 않아요. 이런 날이면
달팽이들은 움직이지 않고 가만히 쉬곤 해요.
때로 이런 휴식이 여러 주 동안 이어지기도 하지요.
껍데기가 없는 민달팽이는 땅 밑으로 몸을 숨기고,
껍데기가 있는 달팽이는 껍데기 속으로 쏙 숨어
버려요. 심지어 달팽이는 입구에 하얀 막을 치고
오랫동안 집 밖으로 나오지 않기도 하지요.

달팽이 집을 자세히 살펴볼까요?
석회질로 만들어진 껍데기는 빙빙 비틀려
감겨 있어요. 그리고 그 꼭대기에
발과 연결된 기다란 근육이 붙어 있지요.
그래서 달팽이는 껍데기를 떠날 수 없어요.
이 근육은 달팽이가 몸을 껍데기 속에 쏙
숨길 수 있도록 도와줘요.

달팽이의 더듬이는 어떤 일을 할까요?

거의 모든 달팽이는 머리끝에 두 쌍의 더듬이가 있어요.
위험을 느끼면 달팽이는 더듬이를 안으로 오므리지요.
위험이 사라졌다고 느껴야 더듬이를 다시 내밀어요.

북아메리카 대륙에 사는 늑대달팽이는 머리에 더듬이가 세 쌍이나 있어요. 입 주변에 한 쌍의 더듬이가 더 있기 때문이에요. 여러 쌍의 더듬이 덕분에 늑대달팽이는 촉각이 매우 뛰어나요.

뉴질랜드민물달팽이는 호수나 강에서 살아요. 이 달팽이는 한 쌍의 기다란 더듬이로 주변 상황을 알아내요. 눈은 더듬이의 아랫부분에 달려 있지요.

한여름의 뜨겁고 메마른 날들이 지나가면
달팽이는 다시 활동을 시작해요. 달팽이 머리에서
두 쌍의 더듬이는 금세 눈에 띄어요. 그렇다면
달팽이의 눈, 코, 입은 어디 있을까요?
큰 더듬이 끝에 있는 작은 점이 바로 달팽이의
눈이에요. 하지만 달팽이는 눈으로 사물을
보지 못해요. 낮과 밤만 구분할 뿐이지요.
아랫부분의 작은 더듬이로는 감촉을 느끼고,
냄새도 맡아요. 작은 더듬이 아래에는
둥글납작한 입이 있지요.
참, 달팽이 머리에서 귀를 찾으려고 애쓸 필요는
없어요. 달팽이는 소리를 전혀 듣지 못하거든요.

달팽이는 무엇을 먹을까요?

청자고둥은 따뜻한 바다의 밑바닥에서 살아요. 먹이가 다가오면 독침을 쏘아 마비시킨 뒤 잡아먹지요. 작살 모양의 독침은 청자고둥의 치설에 있어요.

달팽이의 혀를 치설이라고 해요. 치설에는 작은 이빨들이 줄지어 나 있어요.

먹이를 핥고 자르는 치설

민달팽이 가운데에도 육식을 하는 종이 있어요. 이들은 심지어 죽은 동족을 먹기도 해요. 큰민달팽이라 불리는 이 달팽이는 무려 13센티미터까지 자라요.

이 달팽이는 다른 달팽이들과 달리 육식을 해요. 칼 모양의 자그마한 이빨로 먹이를 붙잡고 조각조각 자를 수 있어요.

소화시키고 남은 찌꺼기는 똥으로 나와요.

와, 퇴비 더미가 있네요! 퇴비 더미를 만나면
달팽이는 배를 실컷 채울 수 있어요.
퇴비에는 사과 껍질, 상한 배, 시든 상추잎 같은
여러 채소 조각들이 많거든요.
시든 꽃다발도 퇴비 더미 위에 쌓이지요.

달팽이가 이런 음식물 쓰레기를 먹고 나서
누는 똥은 좋은 비료가 돼요.
자연에서 달팽이가 하는 일은 매우 중요해요.
덕분에 죽은 식물들이 분해되어 흙에 영양분을
주고 자연으로 돌아갈 수 있어요.

달팽이는 추운 계절에 어떻게 지낼까요?

1. 달팽이는 추운 계절이 되면 겨울잠을 자요. 부르고뉴달팽이는 가을에 땅 밑에 구멍을 파요.

2. 그러고 나서 구멍 속에 떨어진 잎사귀들을 채워 놓아요.

3. 달팽이는 구멍 속으로 기어 들어가 낙엽으로 입구를 닫아요.

4. 편안히 자리를 잡은 달팽이는 집 속으로 들어가요. 달팽이 집의 입구는 숨 쉴 틈만 남겨 두고 석회질 막으로 막아 버려요.

갈수록 해가 짧아지더니 밤공기가 차가워지는
계절이 왔어요. 달팽이도 이런 변화를 알아채지요.
그래서 따뜻하고 안전한 곳을 찾아 낙엽이나
시든 꽃 사이를 기어 다녀요. 적당한 곳에
자리를 잡은 달팽이는 집 속으로 들어가요.
그리고 입구를 막고 깊은 잠에 빠져들지요.

이제 누구도 잠든 달팽이를 깨울 수 없어요.
땅바닥을 쿵쿵대며 냄새 맡는 개도,
달팽이 집 위로 떨어지는 눈송이도,
그리고 호기심 가득한 달팽이 탐험가라도 말이에요.

달팽이는 어떻게 사랑을 나눌까요?

달팽이는 수컷과 암컷이 따로 있지 않아요. 수컷인 동시에 암컷인 이런 동물을 암수한몸이라고 해요.

1. 봄이 오면 달팽이는 특별한 냄새를 풍겨요. 다른 달팽이를 유혹하기 위해서이지요.

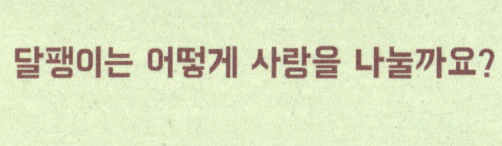

2. 달팽이 두 마리가 서로를 발견했어요. 둘은 몸을 곧추세워 발바닥을 서로 붙인 뒤, 더듬이로 상대와 접촉해요.

3. 달팽이는 긴 시간 동안 서로의 몸속으로 석회질로 된 사랑의 화살을 쏘아요. 그 뒤에 서로 정자를 주고받지요.

4. 사랑을 다 나눈 뒤 두 달팽이는 서로의 몸에서 떨어져요. 그러고 나면 두 달팽이의 몸속에서 각각 알들이 생겨나요.

봄날의 따사로운 햇살이 달팽이를 깨우고 있어요.
이제 아주 중요한 일을 해야 해요.
어서 잠에서 깨어나 다른 달팽이를 찾아야
하지요.

드디어 달팽이 두 마리가 만났어요!
서로 찰싹 달라붙어 소리 없는 음악에
춤을 추듯 몸을 흔들고 있어요.
온종일 이렇게 서로 붙어 있을 때도 있지요.
두 달팽이는 서로 어울려 사랑의 화살로
상대를 찌르고 자극해요. 짝짓기를 하는 거예요.
살금살금 달팽이에게 다가가 보세요.
아마 달팽이들은 사랑을 나누느라
눈치도 채지 못할 거예요.

달팽이는 어디에 알을 낳을까요?

1. 땅바닥에서 사는 달팽이들은 주로 땅을 파고 그 속에 알을 낳아요.

2. 달팽이는 15~30분마다 하나씩 알을 낳아요. 그래서 40~60개의 알을 낳는 데는 하루가 넘게 걸리기도 해요.

알 속의 달팽이 배아

물달팽이는 수련 잎사귀 밑면에 알을 낳아요. 물딜팽이 알은 점액 덩어리같이 생겼어요.

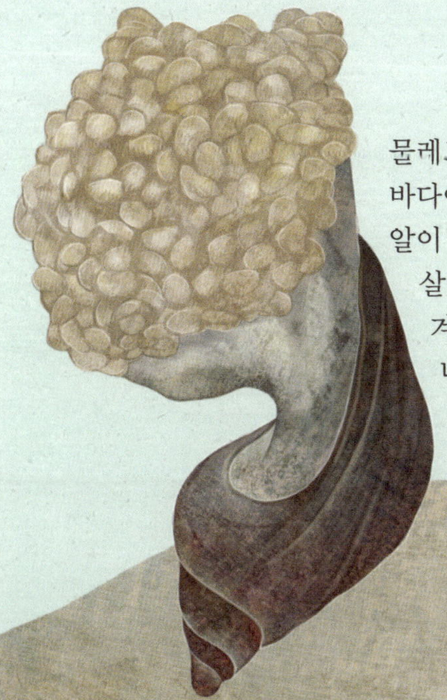

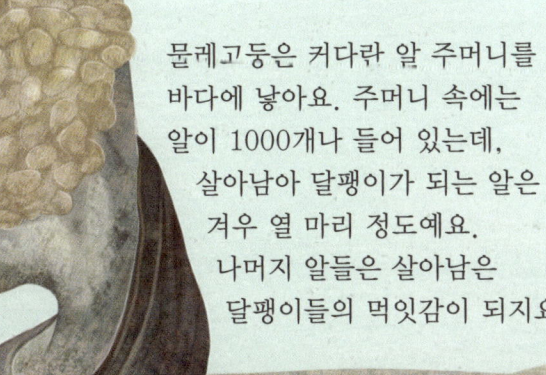

물레고둥은 커다란 알 주머니를 바다에 낳아요. 주머니 속에는 알이 1000개나 들어 있는데, 살아남아 달팽이가 되는 알은 겨우 열 마리 정도예요. 나머지 알들은 살아남은 달팽이들의 먹잇감이 되지요.

달팽이는 한 달이 넘도록 몸속에 알을 품었어요.
드디어 알들이 몸 밖으로 나올 때가 되었네요.
달팽이가 땅 밑에 발을 밀어 넣고 흙의 상태를
꼼꼼히 살펴요. 이 땅은 적당히 축축하고,
부드러워요. 달팽이 새끼들이 알에서
깨어 나기에 딱 좋은 장소이지요.
달팽이가 땅에 구멍을 파고, 품고 있던
알을 전부 내려놓아요. 그러고는 정성스레
흙으로 입구를 덮은 뒤 그 자리를 떠나지요.
이제 모든 운명은 새끼들에게 달렸어요.

달팽이는 어떻게 자랄까요?

달팽이는 알맞은 조건이 갖춰져야 쑥쑥 자라요. 먹이가 모자라거나 환경이 알맞지 않으면 성장 속도가 느려지지요.

달팽이 집의 크기도 몸과 함께 커져요. 달팽이의 집인 껍데기의 입구 둘레로 새로운 석회질이 생겨나면서, 껍데기는 조금씩 원을 그리며 커지지요. 아래 그림처럼 붉은 선을 표시해 두면 껍데기가 나날이 성장해 가는 모습을 확인할 수 있어요.

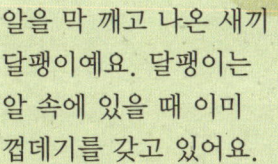

알을 막 깨고 나온 새끼 달팽이예요. 달팽이는 알 속에 있을 때 이미 껍데기를 갖고 있어요.

1.

2.

3.

4.

5.

달팽이가 낳은 알들은 3주 동안 휴식을 취해요.
이제 새끼 달팽이가 알을 깨고 나올 때가
되었어요. 갓 태어난 새끼 달팽이는 아빠 엄마를
꼭 닮았어요. 알에서 나올 때부터 달팽이가
갖춰야 할 모든 것을 갖고 있지요.
부드러운 발과 더듬이, 든든한 껍데기까지도요.
다만 처음에는 몸 전체가 투명해요.

어! 어른 달팽이 한 마리가 다가오고 있네요.
이제 새끼 달팽이들은 '달팽이 택시'를 타고
먼 곳까지 갈 수 있어요. 정말 운이 좋죠?

달팽이는 어떤 동물을 조심해야 할까요?

노래지빠귀는 달팽이를 잡으면 커다란 바위 위로 물고 가요.
바위에 두들겨 달팽이의 껍데기를 부수고,
그 속에 숨은 부드러운
살을 얻기 위해서예요.

모래장지뱀 역시 친척인 굼벵이무족도마뱀처럼
달팽이를 즐겨 먹어요.

지네는 머리에 커다란 독샘이
있어요. 그곳에서 나오는 독으로
달팽이를 꼼짝 못 하게 하지요.

반딧불이 애벌레도 달팽이 사냥을
즐겨요. 이 애벌레는 달팽이가 남긴
점액 자국을 쫓아가 달팽이에게
독침을 발사해요.

개구리는 길고 끈끈한 혀로 달팽이와
거미, 지렁이 들을 잡아먹어요.

두더지는 지렁이나
애벌레뿐만 아니라
달팽이도 즐겨 먹어요.

정원에 꼬마 달팽이들이 보이기 시작했어요.
달팽이를 찬찬히 살펴보세요.
달팽이의 껍데기는 어느 쪽으로 감겨 있나요?

처음에 어린 달팽이들은 몸에 닿는 풀잎을
모조리 먹어 치워요. 그러다가 어느 순간 가장
좋아하는 먹이를 찾아내지요. 그것은 바로
시들고 말라서 부서지기 쉬운 식물들이에요.
어린 달팽이들은 먹이를 잔뜩 먹어요.
빨리 어른 달팽이만큼 몸집을 키우고 싶기
때문이지요. 행운이 따른다면 달팽이들은 천적에게
발견되지 않고 몇 년 동안 살아남을 수 있어요.
짝짓기 상대를 찾아 알을 낳을 수도 있지요.

"꼬마 달팽이들아, 그럼 그때까지
몸조심하고 잘 지내. 안녕!"

달팽이는 관찰하기 쉽고 매우 흥미로운
동물이에요. 일기장이나 게시판에
달팽이를 관찰한 내용을 기록해 봐요!

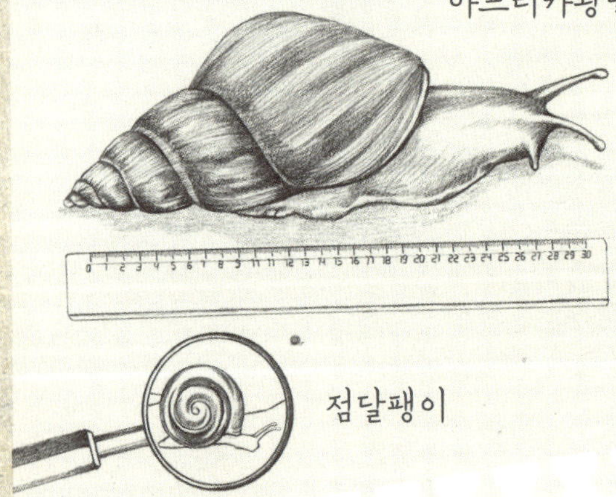

4월 3일
달팽이는 비가 오는 날씨를 가장 좋아한다.
오늘 화단에서 달팽이를 여러 마리 찾았다.
달팽이에게 작은 숫자 스티커를 붙이고 달팽이 경주를 했다.
내가 고른 1번 달팽이가 가장 빨랐다. 아빠의 4번
달팽이는 아예 수풀 속으로 사라져 버렸다.

아프리카왕달팽이

점달팽이

2월 13일
방금 읽은 내용:
아프리카왕달팽이는 몸길이가 30센티미터가
넘는 것도 있다고 한다. 반대로 몸길이가
1센티미터도 안 되는 달팽이도 있고……
숲에 가면 꼭 한 번 찾아봐야겠다!

5월 9일
이틀 전부터 내 방에서 작은 달팽이를 기르기
시작했다. 나는 달팽이에게 상추를 먹인다.
하지만 달팽이는 정원 바위 위에 가득한 이끼를
더 좋아하는 것 같다. 먹이를 준 뒤에는
달팽이가 기어 나오지 못하게 상자를
잘 덮어 둔다.

7월 12일
오솔길에서 끔찍한 장면을 보고 말았다. 콥스달팽이가 껍데기가 부서진 다른 달팽이를 먹고 있었다. 보통 달팽이는 죽거나 시든 것을 먹는데……

8월 1일
오늘 아침 해변에서 발견한 것이다. 스펀지처럼 보이는 이건 물레고둥의 빈 알 주머니이다. 새끼 달팽이들은 이미 바다에 풍덩 뛰어들었겠지!

7월 24일
드디어 달팽이 왕을 찾았다! 정말 운이 좋았다! 이 부르고뉴달팽이에게는 아주 특별한 집이 있다. 같은 종류의 달팽이들은 대부분 오른쪽으로 감긴 껍데기를 가졌지만, 이 달팽이는 왼쪽으로 감긴 껍데기를 가졌다.

9월 21일
흰입술정원달팽이의 껍데기는 색깔도, 무늬도 이렇게 제각각이다. 대부분 다양한 모양의 줄무늬가 있지만, 줄무늬가 하나도 없는 껍데기도 있다.

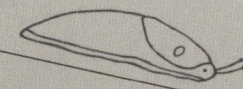

정원의 민달팽이
2018년 8월 15일 수요일

정원을 가꾸는 사람에게 민달팽이는 골칫거리다. 달팽이의 천적인 까치, 무족도마뱀, 두꺼비가 민달팽이를 먹어 준다면 정말 다행이다. 식성이 좋은 민달팽이를 상추와 어린 식물을 보호하려면 미리 주변에 커피 찌꺼기나 톱밥을 뿌려 두자. 비가 많이 내릴 때마다 다시 뿌려 줘야 한다. 거기에다 달팽이 방지 울타리까지 설치하면 훨씬 효과적이다!

매우 흥미로운 이야기를 들었다. 달팽이는 대개 수명이 5년 정도인데, 집에서 키우는 부르고뉴달팽이는 30살까지도 산다고 한다. 전에는 달팽이가 조개, 오징어랑 같은 연체동물에 속한다는 사실도 몰랐다. 이들이 서로 가까운 친척 관계라니 놀랍다. ☺

이 책의 주인공, 흰입술정원달팽이

학명
Cepaea hortensis

몸길이
최대 3.5센티미터 / 껍데기 크기: 약 2센티미터

외형적 특징
껍데기는 일반적으로 오른쪽으로 감겨 있고,
나선형의 띠무늬가 있음. 달팽이 집 입구의 색이 밝은 것이 특징.

수명
8년 남짓

서식지
숲, 들판, 정원

먹이
축축한 바위에 붙은 이끼나 녹조류, 썩은 식물

천적
독수리, 두더지, 뒤쥐, 노래지빠귀, 까치, 찌르레기, 황새, 도마뱀, 무족도마뱀,
유혈목이(꽃뱀), 개구리, 두꺼비, 송장벌레, 다양한 딱정벌레류,
반딧불이 애벌레, 지네, 거미 등

■ 베르벨 오프트링 선생님은
놀랍고, 흥미롭고 너무나 소중한 자연과 환경에 대해 아이들과 소통하는 것을 좋아합니다.
커다란 출판사에서 정원과 자연 분야 편집자로 일했고, 야외 활동 교육자이기도 합니다.
지금까지 60권 이상의 책을 썼습니다. 작품으로는 《숲》, 《고래와 상어》 들이 있습니다.

■ 야나 발치크 선생님은
프리랜서 일러스트 작가로 활동하고 있습니다.
뮌스터 대학교에서 디자인과 일러스트를 공부했고, HAW 함부르크에서 석사 학위를 받았습니다.
《안녕, 달팽이야!》는 작가가 어린이를 위해 그린 첫 논픽션 분야의 그림책입니다.

■ 한윤진 선생님은
연세대학교 독문학과를 졸업했으며 독일 뷔르츠부르크 대학에서 수학했습니다.
현재 번역 에이전시 엔터스코리아에서 출판기획자 및 전문번역가로 활동하고 있습니다.
옮긴 책으로 《지구 남쪽에 사는 야생동물》, 《지구 북쪽에 사는 야생동물: 세상에서 가장 아름답고
환상적인 동물 그림책》, 《제비의 한 해》, 《아무도 몰랐던 곰 이야기》 들이 있습니다.

■ 권오길 선생님은
강원대학교 생명과학과에서 오랫동안 학생들을 가르쳤고, 지금은 명예교수로 있습니다.
제4회 대한민국 과학문화상, 11회 송곡문화상을 수상했으며 《한국동식물도감(연체동물편)》,
《꿈꾸는 달팽이》, 《어린 과학자를 위한 몸이야기》 등 50여 권의 책을 썼습니다.

자연과 만나요 시리즈

우리 주변의 작은 생명체들을 깊이
들여다보는 시간.
따스한 그림과 꼼꼼한 설명을 통해
여러 사랑스런 동물들을 만나 보아요.

1 개구리가 알을 낳았어 글 이성실 | 그림 이태수
   교육과학기술부 선정 우수과학도서

2 개미가 날아올랐어 글 이성실 | 그림 이태수
   어린이도서연구회 권장도서

3 지렁이가 흙 똥을 누었어 글 이성실 | 그림 이태수
   환경부 선정 우수환경도서
   교육과학기술부 선정 우수과학도서
   문화체육관광부 선정 우수교양도서

5 안녕, 거미야! 글 베르벨 오프트링 | 그림 야나 발치크

6 안녕, 칠성무당벌레야! 글 베르벨 오프트링 | 그림 야나 발치크